Cezar Said

infinda

Catanduva, SP
2025

O ser consciente não se julga nem se justifica, não se acusa nem se culpa. Apenas descobre-se.[*]

---

[*] Joanna de Ângelis [Espírito], Divaldo Franco. *O ser consciente*. Salvador: Leal, 1993. [Prefácio]

Ouça o seu coração

PARA OUVIRMOS O próprio coração, ouvirmos a nós mesmos, é preciso silenciar o vozerio de cobranças, comparações, culpas, mágoas, ilusões e expectativas que cultivamos ao longo da vida e que nos ocupa a mente o tempo todo.

P

Compartilho com você alguns desses momentos em que me permiti ouvir, ver, sentir e refletir sobre as minhas próprias impressões cotidianas.

Que essas impressões, anotadas e compartilhadas, sejam um estímulo para você estreitar contato consigo mesmo e também ouvir seu coração.

CEZAR SAID
Nova Iguaçu, verão de 2025

SINTO NECESSIDADE

de estar, sempre que possível, junto à natureza.

Observar um pequeno córrego.

Ouvir um passarinho cantando.

Ver uma borboleta numa flor.

Sentir o vento passando.

Receber o abraço do sol.

*Contemplar um
céu estrelado.*

*E não ter pressa ao
desfrutar de cada um
desses momentos.*

1

PERCEBO QUE PRECISO desacelerar.

Fazer pausas entre uma e outra tarefa.

Criar intervalos mentais que me permitam perceber o que sinto, validando cada sentimento e escutando melhor o que pede o meu corpo, o meu coração.

*Quero seguir com
ocupações úteis,
mas não quero ser
compulsivo no trabalho.*

*Devagar também
se chega aonde se
deseja chegar.*

ME PERMITO

descansar um pouco.

Dormir algumas horas.

Envolver meu corpo
num banho agradável.

Ouvir as músicas
que mais gosto.

Sentir o abraço da minha cama.

Não quero mais estar sempre disponível para os outros e indisponível para mim, pois não posso amar ao próximo sem que esteja enamorado de mim.

POSSO EXPRESSAR

minhas opiniões e reconheço nos outros o mesmo direito.

Quero dizer o que penso e me libertar da pretensão de ser uma unanimidade.

Não quero ser um robô controlado e não quero controlar pessoa alguma.

Não tenho como atender o tempo inteiro às expectativas dos outros.

Quero ser livre... e desejo o mesmo para todos.

4

RESOLVI CANTAR A MÚSICA

que gosto enquanto lavo, passo, cozinho, dirijo, caminho, conserto coisas, trabalho, tomo banho ou me exercito.

Não pretendo cantar profissionalmente nem fazer algum show.

Quero apenas libertar o canto que aprisionei sem necessidade e poder "virar a chave" libertando-me do medo de ser julgado e incompreendido.

HOJE VOU ASSISTIR

a um filme na companhia de quem amo e sinto que me ama.

Caminharei de mãos dadas.

Conversarei sobre amenidades.

Rirei e chorarei, se tiver vontade.

Não quero sufocar minhas emoções.

E, se não tiver alguém para fazer esse programa, me levarei para passear, me segurarei pelas mãos e, ao final do dia, me abraçarei com paixão e ternura.

CONSIDERO E RESPEITO
as opiniões alheias.

Aprendo sempre que ouço aqueles que me cercam, mas não quero me definir a partir do que pensam ou deixam de pensar.

Sou movido por desejos e sonhos, e carrego realizações e frustrações como qualquer ser humano.

Quero ser autônomo, em vez de um autômato dirigido e controlado.

A CRIANÇA QUE VIVE

em mim gosta de brincar, sorrir, confiar, sonhar, gosta de viver.

Quero que ela corra, gargalhe e use os brinquedos que desejar.

Nossa criança interior merece ser cuidada, ouvida, vista, sentida e acompanhada.

Dar voz a ela é ajudar o adulto que sou a ter alegria e leveza diante da vida.

Não devo ignorar

minhas fraquezas.

Não quero escondê-las
ou camuflá-las para
aparentar força.

Sou uma mistura
de luzes e sombras,
risos e lágrimas,

*carregando em mim
dias ensolarados e
outros bem fechados
e chuvosos.*

*Ao admitir minhas
limitações, passo
a reconhecer e
respeitar também as
fraquezas de todos.*

GOSTO MUITO

de orar.

Sinto que, ao orar, me reconecto comigo mesmo, com a divindade que me habita e que está presente em tudo à minha volta.

Admiro e respeito as diferentes formas

de oração em cada cultura e religião.

Quando faço silêncio lá por dentro, sinto a presença de Deus em mim.

E, quando não oro, sinto que falta algo no meu dia.

HÁ, EM MINHA CASA, uma janela de onde avisto uma serra de onde vem uma agradável corrente de ar.

Muitas vezes, fico diante dessa janela sentindo a brisa fresca.

Pela manhã, ela vem acompanhada do canto dos passarinhos, e, ao entardecer, ouço cigarras prometendo que o amanhã trará sol e calor.

Como aprecio janelas abertas!

QUANDO VAI ANOITECENDO,

gosto de observar a despedida do dia e a saudação da noite, que devagarinho vai chegando cheinha de estrelas.

A noite sorri para o sol, agradecendo sua

*saída de cena, para
que ela ocupe o palco
e nos envolva com
todo o seu talento.*

*Como é fantástico esse
teatro da natureza
e quanta sabedoria
tem seu autor...*

12

ÀS VEZES PRECISO
dizer não.

Dizer não a convites e propostas para os quais, um dia, já disse sim.

Percebo que algumas pessoas entendem, enquanto outras não.

É impossível agradar a todos.

Preciso aceitar esse fato e ficar em paz com a minha própria consciência e seguir entendendo quando também me dizem não.

Já atravessei muitos

desertos ao longo da vida, atravesso outros de vez em quando e sei que os atravessarei enquanto viver.

Eles não estão fora, mas dentro de mim.

Não luto contra eles; tento aceitá-los,

conhecê-los, cultivá-los e, se possível, transformá-los.

Eles me conectam com dores profundas, forças desconhecidas e me oferecem uma sabedoria que livro algum jamais me deu.

NÃO HÁ COMO FUGIR
de mim ou tirar
férias de quem sou.

Assim como a tartaruga
está unida ao casco,
estou unido ao que
produz sombra e ao
que gera claridade
em minha mente.

Me conheço e, ao mesmo tempo, me ignoro.

Minha alma carrega consigo todas as estações.

Me encontro e me perco nos caminhos que existem lá dentro do meu coração.

QUANDO SINTO SONO

fora do horário de dormir e ainda preciso trabalhar, recorro a uma pequena xícara de café.

Desperto, lavo o rosto, me alongo e me preparo para dar conta das obrigações.

Quando posso, durmo, me permito alguns minutos que normalmente me ajudam a renovar as energias e prosseguir.

Como é importante atender de forma leve e amorosa às necessidades do corpo.

16

QUANDO CRIANÇA,
*gostava de tomar
banho na chuva.*

*Brincava com colegas
de colocar palitos de
sorvete na enxurrada
para ver qual
chegaria primeiro
a um certo ponto.*

Me tornava a própria água da chuva e ria pelo simples prazer de estar ali, sem ontem nem amanhã, vivendo o agora...

Quando conseguimos estar e viver no presente, a própria vida vira um presente.

17

Gosto de sentir

o abraço do vento
e o cheiro da terra
quando recebe os
beijos da chuva.

Gosto dos carinhos
que os raios do sol
fazem em meu rosto
ao amanhecer.

Sinto um afago no coração ao ouvir um passarinho cantando.

A sinfonia de uma cachoeira e o balé das ondas do mar me tornam expectador de um grande espetáculo.

18

SEMPRE QUE PRIORIZO caminhar, percebo que tudo em mim funciona melhor: intestino, circulação nas pernas, redução de dores nas costas, humor e disposição para realizar tarefas.

Uma caminhada breve opera verdadeiros milagres e, quando a fazemos ao lado de uma pessoa agradável, os benefícios parecem se multiplicar.

Caminhar também faz bem para a alma.

UMA HORA DE LEITURA

permite que eu me desligue dos aparelhos eletrônicos e me reconecte comigo mesmo.

Com a leitura, consigo desacelerar os pensamentos e percebo ganhar foco.

Surgem inspirações e insights que, conectado às redes sociais, não consigo ter.

Uma boa leitura é como uma nutrição profunda e ao mesmo tempo saborosa.

20

ÀS VEZES, DEPOIS DE DIAS de muito calor, chegam as chuvas e até uma frente fria, e fico pensando no quanto tudo se alterna na vida.

É a lei da impermanência dizendo que tudo

é passageiro, que precisamos aceitar e não nos apegar, pois o apego gera sofrimento.

Tento aprender com o que a natureza diariamente quer nos ensinar.

21

COMO É BOM ACORDAR
e perceber os sons
que fazem parte do
início do meu dia.

Carros se
movimentando,
trens indo e vindo,
pássaros cantando,
o vento passando, o
barulho na cozinha
de casa com alguém
preparando o café.

Tento fazer algum alongamento ainda na cama e me levantar sem pressa.

E na sequência orar, meditar e me aprumar para mais um dia de vida.

PREPARAR A REFEIÇÃO

ao lado de quem canta, dança e ri, é uma experiência fascinante.

Minha esposa é assim!

Quando optamos por entrar juntos na cozinha, o tempo voa.

As tarefas ficam leves e a comida ganha um tempero especial, elogiado por nossos filhos.

O tempero certamente se chama amor.

23

OUTRO DIA, EM RAZÃO das fortes chuvas que caíram, após um período de muito calor, a luz acabou.

Com isso, intensificamos as conversas, contamos novidades, brincamos e rimos recordando situações engraçadas.

Será que apenas a queda de luz tem o poder de nos tornar mais próximos e afetuosos uns com os outros?

Fiquei pensando nisso...

OS PROJETOS ME MOVEM,

geram um movimento
agradável que
me faz esquecer
dores, insatisfaçoes
e inseguranças.

São como o sol depois
da tempestade.

Trazem um sentido
de continuidade.

Me fazem acreditar que sou capaz de realizar coisas boas, belas e úteis.

Tento sempre me lembrar dos projetos que iniciei e concluí, e assim sigo adiante.

QUERO, INGENUAMENTE, ter o controle de tudo que diz respeito à minha vida. Ele traz uma sensação de segurança e também a ilusão de que nada inesperado pode me atingir.

Mas percebo que isso só gera mais estresse e

ansiedade quando algo sai do lugar que defini como seguro e estável.

Nessa hora, tento então entregar, confiar, aceitar e agradecer, *como ensinou Hermógenes, o mestre de yoga e de vida.*

26

ALGUMAS VEZES

me sinto desanimado.

Nesses momentos,
fico em silêncio e
tento entender ou
apenas sentir a causa
desse desânimo.

Enquanto processo
isso dentro de mim,

respiro fundo, oro e busco ver se há algo que eu possa mudar.

Se não houver, simplesmente deixo que tudo passe.

Do mesmo modo que chegou, também partirá.

UM DIA NUNCA É IGUAL

a outro. Há sempre detalhes, cores, diálogos, impressões e acontecimentos que fazem toda a diferença.

Sinto que a beleza está nessa diversidade que nos convida a

*perceber que a vida
é plural, diversa e,
muitas vezes, caótica.*

*E queremos que tudo
obedeça aos nossos
caprichos e vontades.*

*Como somos imaturos
nessa postura.*

🎵❤️🎵

28

ACORDANDO PELA MANHÃ

e entrando nas tarefas diárias, muitas vezes esqueço de iniciar o dia com uma oração.

Ainda assim, tento me manter numa boa sintonia, a sintonia da solidariedade, da utilidade e da gentileza.

Percebo, então, que na verdade estou em oração, pois orar é verbo, é ação na dinâmica da vida, e são as ações que transformam o mundo.

NÃO TENHO COMO

mensurar em palavras a alegria que sinto em fazer algum bem a uma criança.

Alguma esperança que parecia perdida ou adormecida se reacende em meu *peito e me diz que é possível, sim, sonhar com um mundo melhor.*

Não faltam crianças necessitadas de amparo e educação, e sempre há algo que podemos fazer por elas.

QUANDO FICO DOENTE ou passo por alguma cirurgia, deixo de estar no controle e passo a depender ainda mais daqueles que me cercam.

Já não disponho do tempo como desejo; preciso entrar no

silencioso tempo da cura e aguardar a melhora, a cicatrização. Esse tempo não obedece a relógios nem a datas.

Nessas situaçoes, só me resta esperar, ter fé e fazer o possível para ficar bem.

HÁDIAS EM QUE NOSSO corpo pede repouso. Não se trata de doença ou qualquer mal-estar em razão de um alimento ou um resfriado.

É a necessidade de alterar o ritmo.

Respeitar os limites que o tempo nos ensinou a reconhecer sobre nós mesmos.

Ao me permitir esse breve repouso, sou capaz de prosseguir com energia renovada.

32

ME ACOSTUMEI A FAZER

várias coisas ao mesmo tempo e desenvolvi a crença de que fazer muito é sinônimo de evoluir mais rápido e aproveitar melhor a passagem por este mundo.

Hoje, venho desconstruindo esse olhar, acreditando que é possível viver com leveza, amando e aproveitando os instantes de cada dia, sem entrar em uma corrida ou competição comigo mesmo.

33

CADA FASE DO DIA, assim como cada estação, tem seu encanto.

Assistir, sem pressa, à chegada mansa da noite é poder desfrutar de um desses momentos mágicos.

O ar fica mais fresco, uma brisa suave ameniza o calor, os sons se transformam e o corpo da gente entra num outro ritmo.

Permita-se, por alguns instantes, viver essa suave contemplação.

QUANDO TODOS SAEM

e fico só em casa, gosto de estar um pouco mais em minha própria companhia.

Consigo me ouvir e me perceber melhor sem os estímulos das interações.

Isso me ajuda a sentir o quanto estou próximo ou distante de mim.

Estar só é diferente de ser e viver só, é algo momentâneo e útil também.

É um tempo sem fuga de mim mesmo.

COMO É BOM PODER USAR

os sentidos básicos para ver, ouvir, cheirar e sentir o sabor dos alimentos.

Pode parecer banal, mas, para mim, não é!

Quando me dou conta disso, até me

emociono, pois sei que há pessoas privadas dessa experiência.

Então, respiro fundo e agradeço a Deus pela beleza da vida e por tudo que pude desfrutar dela até agora.

DESDE QUE COMECEI a meditar, sinto que aprendi a relaxar, desapegar e expandir um pouco mais a minha paz interior.

É curioso como algo tão simples e acessível pode trazer tantos benefícios.

Já meditei no trem, no ônibus, no metrô e até no Maracanã, antes de um jogo de futebol.

Meditar ajuda a gente a descomplicar a própria vida, trazendo para ela mais leveza e simplicidade.

37

HOJE ME PERMITO

receber presentes, elogios e demonstrações sinceras de afeto, sem as resistências que antes atravessavam um comportamento que eu supunha ideal.

Era medo de me apegar.

*Era a sensação de
não merecer.*

*Defesas de um ego frágil
de uma criança ferida.*

*Hoje, vejo beleza
também em receber.
Estou aprendendo...*

Acrediteil, desde cedo,
que as religiões
salvavam, iluminavam.
E, nelas, busquei a
segurança e a luz
que ofereciam.

O tempo me mostrou
que apenas o amor
que se sente e se vive

pode ampliar nossa compreensão da vida e de nós mesmos.

Prossigo no barco da religião, sou grato a ele, mas aprendi a amar muito mais o mar onde os barcos navegam.

39

NEM SEMPRE ACORDO

entusiasmado e disposto, e acho que o mesmo aconteça com muita gente.

Porém, lembro dos compromissos e daqueles que dependem de mim.

*Lembro que um banho,
uma xícara de café
ou mesmo um pouco
de água no rosto
operam o milagre
de me despertar.*

*Então, levanto, me
alongo, faço uma
oração e começo, de
fato, o meu dia.*

OS DIAS NÃO TÊM

*sempre a tonalidade
que mais admiro.*

*São diversos e
se modificam
incessantemente,
convidando-nos a viver
a impermanência
deles à nossa volta e
dentro de nós mesmos.*

Tento me lembrar disso quando algo foge ao meu "roteiro particular" (controle).

Tento aceitar isso e descobrir o que é preciso aprender.

ANTIGAMENTE, QUANDO ouvia um pedido de silêncio, entendia que era para fechar a boca.

Mais adiante entendi que silenciar era a condição para ouvir os sons à minha volta e poder ampliar a minha percepção.

Hoje, percebo que, ao silenciar, ouço a mim mesmo e, me ouvindo, posso me entender, me conhecer e me amar com constância e intensidade.

Quero esse romance silencioso comigo!

SENTIR-ME FRÁGIL

e dependente de alguém sempre me trouxe desconforto.

Cresci ouvindo que a vida é dura e que precisamos nos virar para dar conta de tudo.

Hoje, me permito pedir ajuda.

Sigo desconstruindo o orgulho camuflado de autossuficiência.

Percebo que preciso dar a quem me cerca o direito de sentir o prazer que sinto quando sou útil. Isso também é empatia.

43

TENHO MEUS MOMENTOS de silêncio e isolamento, nos quais descanso em algum recanto dentro de mim.

Nesses instantes, não preciso provar nada para alguém, nem carregar expectativas de atender ou ser atendido.

Solto as amarras internas e permito que fluam o que sou, quem sou e o que sinto.

Sonho poder viver assim, liberto, em todas as estações e em todas as relações.

ADORO OBSERVAR
e sentir a chuva.

A intensidade ou
a brandura com
que ela chega.

O cheiro que ela produz
ao tocar a terra, as
árvores, as flores
e as montanhas.

A mudança que ela traz à temperatura.

A primeira poesia que escrevi na vida foi contemplando a chuva e sentindo a gratidão das plantas pela sua chegada.

COMO É DELICIOSO em algum momento poder fugir de hábitos diversos que condicionamos ao longo do tempo e nos permitir uma doce, inocente e consequente transgressão.

Um sentimento novo nos visita.

Uma sensação de liberdade e mudança.

É como abrir portas e janelas de uma casa há muito tempo fechada à entrada do ar fresco e da luz do sol.

46

NÃO GOSTO DE DIZER

verdades duras para alguém. Sei o quanto isso pode machucar.

Mas há momentos em que todos os modos suaves e lúdicos e todo respeito ao tempo e ao ritmo do outro parecem não funcionar.

Então, a vida nos mostra que é chegada a hora de sermos mais diretos e objetivos, sem sermos grosseiros.

É um momento delicado, mas necessário.

COMO É PRAZEROSO

ajudar pessoas a descobrirem seu próprio potencial e desenvolverem os talentos que possuem.

Isso me nutre e me faz sentir que também cresço e me desenvolvo.

Aprecio quando amigos, crianças, terapeutas e até situações inusitadas me ajudam a me perceber e a me conhecer melhor.

Dar e receber fazem parte do fluxo do viver.

RECORDO DE MOMENTOS na vida em que ia apenas tomar sol. Era pela manhã. Acordava e ficava alguns minutos envolto na claridade do dia, sentindo aos poucos meu corpo aquecer.

Não era para ler, pensar em nada específico ou orar; era tão somente para estar sob o sol, respirando e me sentindo vivo. Quero voltar a fazer isso (agora, claro, com protetor solar – risos).

HOJE RECEBI A NOTÍCIA

da morte física de
um amigo querido e
ainda bem jovem.

Algo inesperado e
difícil de acreditar.

A partida daqueles que
amamos, mesmo sendo
um "virar na curva
da estrada", é sempre
uma dor, um pesar.

Precisamos de tempo para nos acostumar. E só nos resta viver intensamente, sabendo que um dia também faremos a nossa travessia.

50

TENHO MOMENTOS

de apreensão com os novos ciclos que me convidam a dar novos passos em novos caminhos.

Sempre me pergunto se conseguirei, mas quando olho para o que já vivi, sinto que a proteção divina nunca me faltou.

Quando não tinha forças, alguém me amparou.

Quando ignorava, alguém me ensinou.

Então, respiro fundo e sigo em frente, certo de que nunca estamos sozinhos.

QUANDO DOU ANDAMENTO

ao que estava parado
em minha vida,
sinto uma sensação
agradável de mudança.

*Essa sensação
alavanca outros
projetos e promove
novas iniciativas.*

A procrastinação ou o excesso de planejamento ficam para trás.

Assim, percebo que posso, devagar, um passo após o outro, romper a inércia que me domina.

ACORDAR COM

a lembrança nítida de um sonho pode ser algo revelador, reorientador dos nossos passos.

Nos símbolos de um sonho se ocultam nossos anseios, medos, esperanças e *um sentido curativo para nossas feridas emocionais.*

Gosto de sonhar e ouvir os sonhos que me contam, tentando decifrar e aprender com essas mensagens do inconsciente.

53

QUANDO UMA

programação não saía exatamente como eu havia planejado, me culpava.

Hoje, sinto que isso não quer dizer que planejei errado. Mas que existem variáveis que fogem *totalmente ao nosso controle e o ideal é que todo planejamento tenha espaço para essas variáveis.*

Quando somos flexíveis conosco e com o outro, tudo na vida fica mais fácil.

POR CARÊNCIA

e necessidade de aprovação alheia, durante um tempo aguardei ser validado e reconhecido.

De muitos corações recebi esse acolhimento às minhas fragilidades e expectativas; de outros, não.

E está tudo bem, pois os que não viram o que eu precisava talvez precisassem de algo que eu não percebi, validei ou preenchi. Hoje, espero menos e, com isso, não sofro como antes.

REPARTIR O QUE SEI

e aprender com quem tenha algo para me ensinar são experiências fantásticas.

Nunca estamos prontos e, reconhecendo o quanto ignoramos, geramos abertura para novos aprendizados.

Triste é ver alguém que sabe algo agir com arrogância. Para mim, é como se essa pessoa não tivesse aprendido o essencial: saber com humildade.

MUITAS VEZES SURGEM

impedimentos inesperados que mudam completamente um itinerário, um prazo, um encontro marcado, uma festa, uma viagem, uma prova ou uma cirurgia.

Penso que devemos acolher e ler com calma esses sinais. Se não devemos ser impressionáveis, precisamos de atenção para enxergar o óbvio.

A vida, muitas vezes, "desenha"!

57

NÃO É FÁCIL LIDAR

com quem não ouve e não se ouve. Não há diálogo, apenas monólogos.

A pessoa que não ouve não muda, não respeita pontos de vista diferentes dos seus. Se *isola e é isolada por aqueles que se cansam de suas certezas e de sua pretensa e arrogante sabedoria.*

Fico atento a esse paradoxo para não ser assim, uma pessoa cheia e vazia de si.

O SEXO, ALÉM DE SUA

função reprodutiva, é uma benção na vida das pessoas que se amam.

É uma energia divina que, em se manifestando numa relação reciprocamente amorosa, gera prazer, paz, equilíbrio e renovação.

Nutrir-se dessa energia, cuja fonte vem de Deus, é embelezar a existência e encontrar leveza para enfrentar os desafios da vida.

CONVERSAR SERÁ SEMPRE

o caminho mais favorável para resolvermos nossos conflitos em família. Nem sempre conseguimos isso no nosso tempo e no nosso modo. Precisamos, por vezes, aguardar.

E, ao dialogar, é importante considerar o ponto de vista daqueles com quem temos conflito.

O diálogo tem me ajudado muito aqui em casa, com filhos e esposa.

GOSTO MUITO DAS MANHÃS

de domingo; elas possuem uma magia que me remete à infância, quando toda a família almoçava junta e uma comida especial era preparada.

Também é um dia que muita gente

vai ao seu templo religioso, passeia, descansa, acorda mais tarde, desacelera.

Sei que todos os dias são mágicos e especiais, mas gosto muito dos domingos.

QUANDO AMANHECE O DIA
e não há ainda, uma grande movimentação, é possível sentir o silêncio e o frescor da manhã.

É um "resetar" ou recomeçar, é como se Deus, a vida e o universo *dissessem: RECOMEÇA! DESPERTA! TENTA DE NOVO! HÁ TEMPO!*

Cada manhã para mim é uma oportunidade de (re)começar, continuar, amar e também agradecer.

INSTANTES DE MEDITAÇÃO são intervalos importantes para a desaceleração frenética de tudo o que nos conecta com o que está fora. Eles nos reconectam conosco.

Mergulho no silêncio e foco em minha respiração. Mil vezes fujo e mil vezes retorno a mim mesmo, amorosamente, sem me cobrar ou exigir, vivendo o fluxo do ar que entra e sai. Sinto a paz que reside em mim.

63

Q UANDO CONCLUO

os atendimentos do dia, sou devolvido a mim mesmo. Depois de ouvir histórias com diferentes enredos, me deparo com o enredo da minha própria história. Aquela que sigo escrevendo...

Sinto-me cansado e feliz por ter visitado tantas paisagens no mundo das pessoas. Por ter hospedado palavras, emoções e silêncios. Fecho a estalagem. Estou grato e bem mais humanizado.

NEM SEMPRE VOU para a atividade física com vontade de praticar exercícios. Vou até meio contrariado e preguiçoso.

Já entendi que muitas vezes a disciplina precede o hábito a ser adquirido.

Mas sempre volto melhor, mais disposto e sentindo um incrível bem-estar.

Praticar exercícios é uma forma de autocuidado e só faz isso quem tem alguma estima por si mesmo.

UM AMIGO FEZ

aniversário. Enviei uma mensagem simples e afetuosa para ele. É um ser humano bondoso, com um coração enorme.

Amizades precisam ser cultivadas e protegidas

contra os achismos e expectativas não verbalizadas. Com muita exigência, viveremos solitários, pois é difícil atender a quem muito exige e espera uma reciprocidade perfeita em suas relações.

HOJE, A MÃE DE UMA AMIGA

partiu da vida física,
e fui ao cemitério
para abraçar e
dar apoio a ela.

Diante da morte,
ficamos mais frágeis e
precisamos de abraços,
palavras e presenças.

*Todos já passamos
ou passaremos por
instantes assim.*

*A morte de alguém
sempre me faz pensar
no que tenho feito da
minha própria vida.*

COMO É DIFÍCIL ESTAR num ambiente onde todos falam alto, o som esteja alto e as conversas ao celular pareçam amplificadas por um megafone.

Falta noção de educação e respeito para entender que não

temos interesse em saber sobre o que falam ou com quem falam.

É um exercício de paciência e uma oportunidade para tentar meditar, quando não temos a opção de ir embora.

68

MUITAS VEZES VEJO

pessoas presas a relacionamentos tóxicos, adoecidas e enfrentando transtornos de codependência.

Sofrem e não conseguem se libertar do que só tem feito mal a elas.

Há quem se acostume até mesmo com o que é ruim e gere sofrimento.

As raízes desse comportamento costumam estar na infância e no aprendizado distorcido sobre o que é o amor, sobretudo no que significa amar a si mesmo.

SAÍ PARA CONTEMPLAR o encontro do céu com o mar. Silenciei, admirando o entrelaçar do azul com o verde, vendo nesse abraço uma oração.

Percebi a lua flertando com o sol. Encoberta pelas nuvens, ela *dissimulava seu interesse. Ao contrário dele, intenso.*

Um sentimento de gratidão me tomou os sentidos e, sorrindo, pensei: "Meu Deus, quanta poesia há na sua criação!"

POR MAIS PRAZER que tenhamos em trabalhar, todos precisamos descansar.

Pausas, sono, desaceleração, algum passeio ou diversão operam verdadeiros milagres em nossa saúde.

Antes, eu era tão neurótico que não suportava tempo vago, hora vazia. Até que entrei em exaustão e fui forçado a mudar.

Hoje, respiro... e avalio se dou conta.

E vou seguindo nesse aprendizado.

NO MEU DIA A DIA, encontro mulheres que trabalham em diversas atividades comerciais, e sei que muitas não são valorizadas com salários dignos nem condições de trabalho adequadas.

Conheci uma grávida que sequer tinha um banco para se sentar.

Ainda há machismo, exploração e desigualdade de gênero em nosso mundo.

E me pergunto: quando isso vai mudar?

72

Terminar o dia

de trabalho com a sensação do dever cumprido e a certeza de ter sido útil a alguém traz uma satisfação enorme.

Não anula o cansaço físico e/ou mental e não

apaga os conflitos e dilemas íntimos, mas me ajuda a ressignificar o grau de importância que dou a eles.

A dor alheia me sensibiliza, e, quando posso aliviá-la, ela me humaniza.

73

GOSTO DE CULTIVAR
intervalos.

Momentos de pausa para as refeições, o descanso, a contemplação e a meditação.

Intervalos entre o pensar e o falar, o sentir e o dizer. E poder ouvir e me ouvir.

Quando consigo isso, ganho paz, torno-me menos impulsivo e uso palavras mais adequadas para me expressar.

Sinto alegria e maior leveza no falar. Com isso, ganho mais saúde e qualidade de vida.

HOJE, NÃO FUI

para uma das muitas
atividades em que
atuo como voluntário.

Reservei um tempo para
uma consulta médica a
fim de verificar se estou
bem organicamente.

Durante muito
tempo ignorei os

sinais emitidos pelo meu corpo em nome dessas atividades.

A idade e as limitações me fizeram aprender que preciso me fazer bem para poder fazer o bem aos outros. Autocuidado é autoamor.

75

MAIS UM DIA

chega ao fim.

É tarde. A casa está silenciosa e alguns sons e vozes chegam da rua.

Sinto-me cansado, mas em paz pelos deveres cumpridos e pelo tempo bem empregado em coisas úteis.

É hora de descansar e, amanhecendo, recomeçar, abrindo-me às experiências que a vida quiser me ensinar. Que sejamos sempre bons aprendizes.

ENVIEI UM NOVO LIVRO

ao editor, e ele disse que gostou e pretende publicar.

Sua resposta trouxe muita alegria para o meu coração.

Um livro é uma ponte entre o escritor e o leitor, entre o eu e o nós.

É a possibilidade de dizer a quem nos lerá o que pensamos e sentimos, expressando um pouco do que somos.

Também vibro com os livros dos amigos.

Há momentos

em que me vem à mente a imagem de uma pessoa querida. Então, pego o celular e gravo uma mensagem carinhosa, envio um abraço externando todo o carinho que sinto por ela.

O retorno (que não espero) é sempre bom e sensível da parte de quem recebe.

Também me chegam esses presentes inesperados de corações queridos.

Deveríamos fazer isso mais vezes...

TENHO UMA AMIGA

que admiro muito, dedicada à educação de crianças. Seu trabalho é voluntário e ela enfrenta um câncer.

Pouco falamos sobre a doença e muito conversamos sobre a vida, projetos e o seu trabalho com as crianças.

*Ela não nega o que se
passa com ela, mas
escolheu viver e amar.*

*Essa amiga querida
cultiva esperanças
no meu coração e
no das crianças.*

É PRAZEROSO VER ALGUÉM saindo de confusões e embaraços que criou para si, resolvendo-se e encontrando novos caminhos a partir de novas escolhas.

Parece surgir uma versão mais atualizada e preparada da mesma pessoa – uma versão que estava lá dentro dela, e ela própria desconhecia. Todos podemos fazer isso, quando acreditamos e recebemos ajuda.

Tento ajudar e me deixo ser ajudado.

80

DEPOIS DE MUITOS ANOS, voltei a andar de trem e me deparei com crianças, adultos e idosos nos vagões, vendendo de tudo para sobreviver.

Pessoas que carregam histórias, dores ocultas

e que tentam, a custo de muito esforço, ganhar o pão de cada dia.

É um duro choque de realidade!

Que um dia haja comida, educação, saúde e vida digna para todos.

HOJE ACORDEI INDISPOSTO, sentindo algo diferente no corpo, o que me levou a estar mais atento e cauteloso nas atividades do dia.

Vou observando os meus limites e verificando a hora de tomar remédio.

Tenho aprendido, com o tempo, a respeitar mais os sinais que o corpo emite. É maravilhoso investir na alma, mas se "estamos por aqui", precisamos cuidar do instrumento que nos permite "estar aqui".

EO VOO ATRASOU, foi cancelado, algo mudou no que foi planejado. Falha humana? Alteração climática? Algum "livramento"?

Raiva, frustração, tristeza, ansiedade

– *um turbilhão de emoções convidando a pensar sobre o que devemos aceitar e o que podemos mudar.*

Manter a calma e aguardar. Há uma solução! Daqui a pouco eu a vejo...

SAIR, VIAJAR, CONHECER lugares e pessoas é algo incrível e renovador para os sentidos e para a alma. Provamos comidas e bebidas, vemos paisagens diferentes, experimentamos climas e culturas.

Mas a alegria de voltar para casa e para quem amamos é algo incomparável. Uma verdadeira festa acontece no nosso coração. Procuro festejar a partida e a chegada. E viver o que acontece entre uma e outra.

É DIFÍCIL AGRADAR e atender sempre às expectativas que colocam sobre nós. O mesmo acontece em relação ao que esperamos dos outros.

Só nos resta tentar a compreensão e o perdão mútuos. Sem isso, colecionaremos apenas frustrações em nossas relações.

Tento não me cobrar, não cobrar de alguém o que ela não sabe, não pode ou não quer oferecer. Procuro enxergar a pessoa real e não a ideal que criei na minha cabeça.

PELA MANHÃ, CAMINHANDO sem pressa para o trabalho, senti o sol no rosto e algo indefinível me tocou. Um sentimento de plenitude e gratidão pela vida.

Não raciocinei, não pensei em Deus, não tive nenhuma

lembrança do passado nem formulei plano algum para o futuro.

Apenas vivi o momento, sentindo o sol no meu rosto. Naquele instante, tudo era pleno, não me faltava absolutamente nada.

HOJE RECEBI A CAPA de um novo livro e soube que a letra do título foi criada por várias mãos. Mãos de pessoas que sofreram com a maior enchente que devastou o sul do Brasil, ceifando muitas vidas. Elas estão *reconstruindo casas e sonhos e, mesmo abaladas, amparam outras ainda mais fragilizadas.*

Só a empatia e a compaixão explicam essa onda de solidariedade.

AQUI ONDE MORO, tivemos hoje um dia lindo de inverno, com céu azul e temperatura amena. Subi uma montanha ao lado de quem amo, e juntos percebemos mudanças na paisagem à medida em que subíamos.

Compartilhamos impressões sobre flores e folhas, pássaros e pedras, casas e pessoas nos passos do caminho.

Dialogar com quem se ama é benção.

88

EXISTEM DIAS

em que tudo parece conspirar contra a nossa paz: uma noite mal dormida, um parente que adoece, alguém diz algo que nos irrita, a condução atrasa, uma conta nova surge, a relação amorosa entra em crise...

Nesses momentos, procuro lembrar que isso faz parte da impermanência da vida e que cabe a mim decidir o que fazer.

Uma coisa é certa:
TUDO PASSA!

HOJE NÃO HÁ SOL lá fora. Dia de inverno: tempo frio e céu nublado.

Estou em casa, assistindo um clássico de Tolstói, Anna Karênina, o filme que traz reflexões sobre família, paixão, *amor, sacrifícios, sonhos, desilusões e a importância do bem pautando nossos passos.*

Não há sol lá fora, mas há aqui um sol dentro do meu peito, me leva a agradecer a família e o lar que, ao lado da esposa, construí.

A ESPERA POR UM EXAME

sempre me convida a usar criativamente o tempo.

Posso ler, meditar, descansar, buscar algo útil no celular, tornando o ato de esperar algo leve.

A finalidade do exame é verificar como uma parte do corpo está funcionando e permitir um maior controle sobre a saúde. Pensar assim me ajuda a lidar melhor com a espera inevitável.

Há momentos

em que tudo parece dar errado, algo mudou de repente e nos pegou de surpresa. E precisamos pensar rápido em uma saída.

Se não entrarmos em desespero e

conseguirmos manter a calma, acharemos uma solução. Ela existe e está em nosso silêncio interior, numa breve oração ou virá por meio de alguém enviado por Deus para nos ajudar.

UMA JANELA É

como um portal que nos transporta não apenas para outra paisagem, mas também para uma outra realidade.

Aeroportos, consultórios, hospitais – lugares

onde somos convidados a esperar – deveriam ter janelas amplas.

No meu caso, me acalmam e me lembram que a vida não se resume ao que fui fazer nesses lugares.

Olhei pela janela

e vi o céu nublado, sem chuva. Abri a porta de casa para sair e, nesse exato momento, começou a chover. Voltei, peguei o guarda-chuva e, ao abrir novamente a porta, a chuva havia parado (risos).

Pensei no quanto um momento de precipitação ou hesitação pode mudar nossa vida. Aguardar um pouco antes de decidir ou de responder pode nos poupar de sérios problemas.

Tenhamos mais calma!

94

GOSTO DE SONHAR

e me imaginar realizando sonhos, mas tomo cuidado para não me amarrar a eles e sofrer demais quando não ocorram.

Também tento me abrir para que o universo

indique caminhos e ajude a reconfigurar o que sonhei.

E vou seguindo com um pé no sonho e outro na realidade, como aprendi com o grande educador Paulo Freire.

O PRAZER DE UM CAFÉ

está na companhia agradável, alegre e sincera que nos permite trocas nutritivas e energéticas.

Como pode uma bebida e um encontro tão simples e, às vezes tão breve, nos fazer tão bem?

Certas amizades são verdadeiros oásis nos desertos da vida.

Nesses encontros, descansamos das convenções, deixando fluir nossa espontaneidade.

EM MUNDO ONDE *há tantos ruídos – música em volume ensurdecedor, buzinas estridentes, pessoas falando alto em lugares com eco –, opto por fazer um pouco de silêncio, falar mais baixo e desacelerar.*

*Opto pela despoluição
sonora nas ruas,
nas salas de espera
e nas conversas
públicas ao celular.*

*Precisamos perceber
o quanto a falação
excessiva nos distancia
de nós mesmos.*

NA DÚVIDA SOBRE o que fazer e qual a decisão a ser tomada, quando possível, me permito um instante de oração, silêncio e espera. Nem sempre há urgência em falar, mas em calar e escutar aquilo que ainda não percebemos.

Numa breve pausa meditativa, não perdemos tempo – ganhamos.

Pensamentos e percepções se alteram.

E o rio das perguntas encontra o mar das respostas.

HOJE, A ATENDENTE

de uma lanchonete que frequento me deu bom dia com muita alegria. Eu sempre a cumprimento, mas hoje a iniciativa foi dela.

E eu não tinha dormido bem.

*Fez toda a diferença
perceber sua atenção
e gentileza.*

*Foi como colher um
fruto inesperado
e saboroso.*

*Ganhei um presente!
Ganhei o dia!*

EM UMA MANHÃ, após meditar por alguns minutos, senti uma paz muito agradável e desejei que ela durasse uma eternidade em mim.

As distrações e preocupações logo

começaram a me envolver assim que eu me levantei da cadeira.

Mas o "pedacinho de céu" que senti permaneceu em mim, como um abraço quentinho e amoroso de mãe em dia de frio.

ouça